SOCIÉTÉ INTERNATIONALE

DE

SECOURS AUX BLESSÉS

DES ARMÉES DE TERRE & DE MER.

COMITÉ DE LA SEYNE,

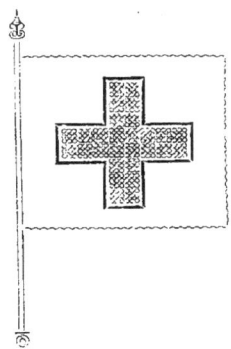

TOULON

TYPOGRAPHIE ET LITHOGRAPHIE F. ROBERT,

Boulevard de Strasbourg.

—

1872

SOCIÉTÉ INTERNATIONALE

de

SECOURS AUX BLESSÉS

DES ARMÉES DE TERRE ET DE MER.

COMITÉ DE LA SEYNE.

La mission sublime, spontanée, volontaire, toute d'abnégation et uniquement inspirée par un sentiment d'humanité, de voler au secours des belligérants tombés sur les champs de bataille ; appliquer sur leurs chairs palpitantes un premier pansement, et pourvoir ensuite aux besoins les plus pressants, les plus indispensables à la guérison, au soulagement de la douleur, remonte aux Croisades. Continuée depuis, à travers les siècles, par les efforts et le dévouement incessants de divers Ordres, qu'ont caractérisés et caractérisent encore de nos jours des noms et des insignes particuliers, cette œuvre philanthropique nous conduisit en 1864, à la Convention internationale dite de Genève, à laquelle adhérèrent la plupart des puissances européennes et que l'Autriche n'accepta, malheureusement, qu'après le désastre de Sadova, deux ans plus tard, et cela, en présence des nombreux blessés qui périrent faute de soins et même de faim, durant cette terrible campagne dite des Sept jours !

Parmi les légions de ces hommes généreux et réellement pénétrés d'un esprit évangélique qui, ne comptant que sur la récompense de Dieu, accouraient de leur propre gré et d'un commun accord vers la plaine du carnage, pour arracher à la mort ceux que le fer et le feu n'avaient que meurtris ou mutilés ; nous pouvons citer aujourd'hui, comme exemple, les Johanniters ou chevaliers de Saint-Jean, dont le dévouement et l'activité avaient frappé d'admiration, pendant la fameuse guerre du Sleswig, ce premier acte du drame machiavélique du grand chancelier de la Confédération du Nord. Les Johanniters, dont le prince Charles de Prusse était le grand maître, possèdent des hôpitaux organisés à leurs frais. Les uns, suivent les corps d'armée, les autres ont des ambulances, même dans leurs châteaux. C'est ainsi que le prince Frédéric des Pays-Bas, commandant de l'Ordre, dispose à lui seul, dans son château de Muskau, en Silésie, d'une ambulance de 70 lits. Après Sadova, il n'existait pas une localité, tant soit peu importante en Bohême, qui n'eut son lazareth volant.

Les hospitaliers de Saint-Jean répartissent eux-mêmes, sans aucun intermédiaire, les dons de la charité publique, et sont toujours, pendant la guerre, les directeurs suprêmes des ambulances. Ils marchent de pair avec les chefs les plus éminents de l'armée. Le soir de la bataille de Nachod (27 juin 1866) qui précéda de quelques jours Sadova, le prince de Pless, chef des Johanniters aux ambulances volontaires de la 2ᵉ armée, après avoir fait relever 1,700 tués ou blessés, venait prendre part, dit Wilborg, au repas du soir de l'état-major. Il était très pâle ; du sang maculait son uniforme. Il porta sa cuiller jusqu'à ses lèvres, mais la laissa bien vite retomber sur son assiette. Quelques jours plus tard, à Sadova même, ce chef des Johanniters murmurait avec douleur les paroles suivantes : « En ne pas adhérant « à la Convention internationale de Genève, les Autrichiens « nous ont laissé beaucoup trop de besogne. Ils ont abandonné « leurs morts et leurs blessés ; combien de ces derniers, qui « n'ont pas été secourus à temps, ont dû mourir de leurs bles- « sures et même dans les tortures de la faim ! ! »

Le 20 juillet, immédiatement après la déclaration de guerre officiellement faite à Berlin, par M. de Wimpfer, la France et la Prusse rappelaient officiellement leur adhésion aux statuts de la conférence de Genève, applicables aux armées de terre et de mer (amélioration du sort des blessés, neutralisation des ambulances, etc., etc.).

Presque en même temps, le Ministre de l'intérieur adressait aux Préfets des frontières du Nord et de l'Est, une circulaire prescrivant de disséminer au besoin les malades dans les bâtiments communaux, baraquements, maisons particulières, écoles municipales, etc. Le dévouement et le concours des médecins des compagnies des chemins de fer, allaient assurer le transport des malades et des blessés. Tout instituteur devait se transformer en infirmier, chaque institutrice en sœur de charité.

Dans toutes les communes, se constituèrent bientôt de nombreuses listes de souscription, pour le soulagement des futures victimes de cette boucherie qu'on appelle la guerre. Partout on préparait du linge et de la charpie pour les mutilations qu'allaient engendrer, suivant les règles du perfectionnement, ce que le progrès scientifique, dans un monde dit civilisé, a décoré du nom de chassepot et de mitrailleuse !

Le 29 juillet arrivaient en Bavière les héroïques Johanniters dont nous avons déjà parlé. Un Comité central de secours aux blessés se formait au Luxembourg.

A Paris, au palais de l'Industrie, sous la haute direction du comte de Flavigny ; et grâce aux souscriptions nationales, s'organisaient plusieurs ambulances, sans oublier celle de la Presse qui, après Reischoffen, devait essuyer de la part du vainqueur, pas mal de tribulations.

Déjà à cette époque, le département de la Meurthe disposait de 11,500 lits. La ville de Metz en avait dressé 2,400. Niederbroon, à elle seule, en offrait plus de 600.

Le 2 août, les ambulances officielles comptaient, de leur côté, 20,000 lits. Ce jour là, à minuit, notre première ambulance quittait définitivement le palais de l'Industrie pour gagner la frontière du Rhin.

Dans le courant de cette première et à jamais fatale semaine du mois d'août, les départements de la Haute-Marne, de l'Eure, du Nord, de l'Oise, du Pas-de-Calais, de la Haute-Saône, de la Seine-Inférieure, des Vosges et de l'Yonne, annonçaient, à leur tour, des milliers de lits pour nos blessés, et bientôt cette généreuse et patriotique offrande des départements les plus menacés trouvait de l'écho au sein de la France tout entière, dans toutes les communes, dans nos plus grandes villes comme dans les plus petits hameaux. A l'appel du comte de Flavigny, président du Comité international des blessés, non-seulement des ambulances s'érigèrent pour se rendre sur le théâtre même de la guerre, mais encore, à la faveur des souscriptions particulières se formèrent, dans une foule de localités, des Comités et Sous-Comités qui, recueillant tous les dons en espèce et en nature offerts par de généreux souscripteurs, préparèrent des secours variés, destinés au soulagement de nos infortunés soldats, sous les étreintes de la maladie, de la douleur, de la mutilation et de la captivité.

Il ne nous est point permis dans un opuscule, que nos efforts doivent réduire le plus possible, de donner le tableau complet de tout ce qui a été fait par les Comités de la Société de Genève, durant cette lugubre période qu'à traversée notre pauvre patrie. Quelques exemples entre mille nous suffiront.

On a vu les membres de ces Comités à Gravelotte (16 août), ramasser pendant la nuit les blessés restés sur le champ de bataille. A leur tête se trouvait madame Cahen, une femme héroïque, que rien n'arrêtait. On l'a dit et nous pouvons le répéter : l'homme soigne, la femme guérit. A Sedan, dans les Ardennes, la 2ᵉ ambulance volontaire prodigua des soins à plus de 700 victimes. A Wœrth, à Forbach, sous Metz, à l'armée de la Loire, autour de Belfort, les Comités internationaux ont arraché à la mort des milliers de blessés. Les frais d'installation et d'entretien des 8 ambulances du palais de l'Industrie s'élevèrent à la somme assez ronde de 2,118,000 fr. Au 13 août, les recettes de la Société de secours aux blessés, à Paris, atteignaient 2,123,734 fr. La quête opérée sur le parcours de la 3ᵉ ambulance avait produit, dit-on, 10,570 fr.

Pour soulager tant de misères, pour procurer à nos pauvres soldats déjà si éprouvés par les premiers désastres du mois d'août, et que la fortune devait trahir jusqu'à la fin de la campagne, tout ce que le patriotisme pouvait faire espérer ; il fallut nécessairement frapper à toutes les portes et éveiller au sein du foyer domestique, ce sentiment d'humanité, sous l'influence duquel la colonie française d'Égypte nous adressait, le 22 août, une somme de 40,000 fr. Quelques jours plus tard, 300,000 fr. nous arrivaient des Français établis aux États-Unis. Le comte Xavier Braniski, maire de Montrésor, versait à son tour, pour nos blessés, 500,000 fr.

Le 18 août, une souscription pour les victimes de la guerre s'ouvrait à Dublin (Irlande). On y recevait l'argent, le linge et la charpie.

Bruxelles (Belgique), disposait à elle seule de 2,000 lits. Après Sedan, les séminaires, les colléges, les maisons particulières ouvraient leurs portes aux blessés des deux nations ; le Conseil municipal votait pour ces derniers une somme de 100,000 fr. On ne pouvait, a-t-on écrit, assister sans émotion à ce spectacle consolant pour l'humanité, de toute une nation qui recherche, avec passion, l'occasion de faire un acte de dévouement et de sympathie pour les victimes d'une lutte à laquelle cette nation est restée étrangère.

Enfin, le Comité Suisse secourait nos malheureux Strasbourgeois, et à la fin de la guerre, tous les cantons de la Fédération helvétique recevaient dans leur sein les 80,000 soldats de Bourbaki.

Au milieu des généreux efforts, auxquels la France tout entière se livrait, pour le soulagement des victimes de la guerre, le département du Var avait certainement à fournir son contingent de patriotisme et de charité évangélique. Dans les premiers jours du mois d'octobre 1870, M. le docteur Maurin, délégué du Comité Marseillais, réunissait à Toulon plusieurs membres, leur indiquait le fonctionnement des Comités, le but à atteindre, les résultats à obtenir, et faisait procéder par ces membres présents, à la constitution du bureau, ce qui organisait régulièrement le Comité de Toulon.

Le 15 novembre de la même année, le docteur G. Lambert, président de ce Comité, nous adressait la lettre suivante :

« En vertu des pouvoirs concédés au Comité de Toulon, par
« lettre du 7 courant, de la délégation à Tours du Comité central
« de Paris, et au docteur G. Lambert, par lettre du 15 novembre :

« Le docteur G. Lambert délègue MM. Durbec, sous-commis-
« saire de la marine, et le docteur Prat, pour réunir à La Seyne
« un Sous-Comité de secours aux blessés, qui sera installé pro-
« chainement par un membre du Comité de Toulon. »

Le membre délégué,   G. LAMBERT.

Le 18, arrivait en effet, à La Seyne, le docteur G. Lambert, et, sous sa présidence, notre Comité était constitué comme suit :

J. Durbec, commissaire de l'Inscription maritime : Président.

F. Barbier, peintre, professeur au collège : Vice-Président

Calvet, trésorier de la marine : Trésorier.

L'abbé Sigalon, vicaire de la paroisse : Secrétaire.

Les docteurs Chargé, Daniel (Clément), Daniel (Prosper), E Prat : ayant pour mission spéciale de recevoir, hospitaliser et traiter les blessés.

Giran, membre de la Commission municipale, Champanhet, percepteur : spécialement chargés de centraliser les quêtes et les produits des troncs.

Beaussier, pharmacien, Hugues, pharmacien, Lagane, ingénieur aux forges, Ricard, directeur administratif aux forges : Conseillers.

Notre première réunion officielle eut lieu le lendemain 19, chez notre Président.

Il y fut sommairement délibéré et décidé que l'on procèderait immédiatement à la recherche de locaux, au milieu desquels des lits pour les blessés pussent être convenablement disposés. Par l'organe de MM. Lagane et Ricard, l'administration des forges et chantiers nous offrit spontanément son ambulance avec 20 lits et tous les soins, y compris l'alimentation des malades. Dans une lettre adressée au docteur E. Prat, le R. P. Gay, supérieur du collège, nous faisait également savoir qu'il mettait à notre disposition, 10 autres lits avec soins complets, nourriture, etc., à la seule charge par le Comité de fournir les quelques objets de literie.

Les offres suivantes furent faites en même temps par les particuliers :

MM. Autran (Pierre), propriétaire. . . .	2 lits	(soins complets).
Caudier, propriétaire.	1 lit	Id.
Docteur Chargé	2 lits	Id.
Dames religieuses de la Présentation	2 lits	Id.
et un emplacement pour	20 lits.	
Docteur Daniel (Prosper)	1 lit	Id.
Martel, épicier.	1 lit	Id.

MM. Niboux Crozet, propriétaire, un emplacement pour 3 lits.

Oliveau, lieutenant de vaisseau en

              retraite. . . . . 1 lit (soins complets).

Pélegrin (aîné), restaurateur . . 2 lits   Id.

Docteur E. Prat. . . . . 1 lit   Id.

L'abbé Vadon, aumônier . . . . . 1 lit   Id.

Lesquels réunis à ceux déjà proposés par le chantier et le collège, donnèrent un total de 68 lits, dont 45 avec soins complets.

Ajoutons, pour ne rien omettre, que la municipalité, de son côté, avait fait préparer 20 autres lits dans l'hospice de la ville. La question des lits ayant été résolue, le Comité, par des affiches publiques, donna, sans plus tarder, connaissance du but qu'il allait poursuivre et du résultat vers lequel les efforts réunis de la population devaient converger.

Des listes de souscriptions furent ouvertes. Des troncs gracieusement confectionnés par l'Administration des forges se dressèrent bien vite à la porte du chantier, au vestibule du collège, au bureau de l'Inscription maritime, à bord des bateaux à vapeur de La Seyne et dans les principaux cafés de la ville.

Ces souscriptions et ces troncs produisirent les sommes suivantes :

Durbec, commissaire de l'Inscription maritime . . 20ᶠ »

Barbier, architecte. . . . . 20 »

Calvet, trésorier de la marine. . . . . 20 »

Champanhet, percepteur. . . . . 20 »

L'abbé Sigalon . . . . 20 »

Docteur Prat . . . . 100 »

Docteur Daniel (Clément) . . . . 20 »

Docteur Daniel (Prosper) . . . . 20 »

Docteur Chargé . . . . 20 »

Beaussier, pharmacien . . . . 20 »

Lagane, ingénieur (par mois, jusqu'à la fin de la guerre) . . . . 25 »

Hugues, pharmacien . . . . 5 »

          A reporter. . . . . . 310 »

Report.	310	»
Giran, boulanger, membre de la Commission municipale	20	»
Ricard, directeur administratif des forges (par mois, jusqu'à la fin de la guerre).	25	»
Martel, président de la Commission municipale . .	20	»
Mabily, boulanger	5	»
Laurent, boulanger.	5	»
Féraud (Gustave), propriétaire	5	»
Silvy (Élisée), propriétaire.	5	»
Verlaque (Louis), propriétaire.	10	»
Moutte, confiseur.	5	»
Vᵉ Boëry, marchande	5	»
Martinenq, boucher.	5	»
Blanc (Laurent), charpentier.	»	50
Mlle Michelon, camériste.	»	50
Vᵉ Poulet.	5	»
Mᵐᵉ Daudier, propriétaire.	20	»
Abran (Vincent), cordier.	20	»
Abran (Camille), cordier.	20	»
Mlle Ardouin, propriétaire	20	»
Meffre, retraité	10	»
Vᵉ Arméras, propriétaire	5	»
Mᵐᵉ Bouché.	5	»
Anonyme.	»	50
Id.	»	60
Id.	»	25
Id.	1	»
Id.	1	»
Id.	1	»
Id.	1	»
Moulinier, forgeron	»	50
Mᵐᵉ Giraud, propriétaire (rue du Sac).	5	»
Pomet, chef de section aux forges.	5	»
Tétiaux, menuisier aux forges.	2	»
A reporter.	541	85

Report.	541	85
Curet, constructeur	5	»
Mᵐᵉ Nicolet, épicière.	2	»
Mᵐᵉ Bressy.	3	»
Mᵐᵉ du Meteau.	3	»
Anonyme.	1	»
Mᵐᵉ Legras, rentière.	1	»
Mᵐᵉ Pons, épicière (Cours).	1	»
Héraud, boulanger	1	»
Sarda, marchand de bois.	»	50
Michel, retraité.	»	50
Blain, propriétaire.	1	»
Lange Coupini, tuilier.	1	»
Mᵐᵉ Paul, propriétaire (Cours)	1	»
Mᵐᵉ Pie, propriétaire.	1	»
Berlier, horloger.	5	»
Henri, boucher.	3	»
Sauze, boucher.	5	»
Bonifay, boulanger	1	»
Teston, fromager	1	50
Anonyme.	2	»
Fouque, marchand de vin.	2	»
Nicolet, épicier.	2	»
Maurice Belin, propriétaire	2	»
Savernin, cafetier.	1	»
Étienne, boulanger	1	50
Anonyme.	»	25
Sarret.	»	25
Anonyme.	»	25
Bonasse Romaine, propriétaire.	2	»
Mᵐᵉ Sicard, propriétaire (Cours)	1	»
Abran, mécanicien	5	»
Padirac, capitaine de frégate en retraite	5	»
Curet, menuisier.	»	50
Étienne Marius, propriétaire.	20	»
A reporter.	624	10

Report.	624	10
Prat Romain, propriétaire.	20	»
Berny, gérant des bateaux à vapeur de La Seyne . .	25	»
Jourdan, propriétaire	30	»
Pichat, chauffeur.	2	25
Anonyme	»	50
Première levée des troncs, par les soins de M. Giran	43	05
Verlaque, ingénieur aux forges (1)	25	»
Fournier, ingénieur aux forges	10	»
Valacca, employé aux forges.	5	»
Boery, caissier aux forges.	5	»
Honorat, employé aux forges	3	»
Desmont, employé aux forges	3	»
Maranda, employé aux forges.	2	»
Coutelenq, employé aux forges	3	»
Bernard, employé aux forges.	2	»
Versement de divers par M Ricard	102	»
Produit des troncs de l'atelier	32	80
Produit d'une loterie par Mᵐᵉ Baudoin, modiste . .	53	50
Thomas, chef de musique.	4	»
Deuxième levée des troncs par M. Giran	79	45
2ᵉ versement mensuel du chantier par M. Ricard. .	182	»
Id. de divers du chantier par M. Ricard . .	253	05
2ᵉ produit des troncs du chantier par M. Ricard . .	14	»
Dernière levée des troncs par M. Giran	13	40
Offrandes des pensionnaires de la marine.	17	25
TOTAL.	1,554	35
Produit d'un concert.	513	75
TOTAL GÉNÉRAL.	2,068ᶠ	10

Dans le but de grossir la somme engendrée par les offrandes ci-dessus mentionnées, le Comité organisa ce concert vocal et

---

(1) Les souscriptions de MM. Verlaque, Fournier, Valacca, Boery, Honorat, Desmont, Maranda, Coutelenq, Bernard, furent également mensuelles. — Voir plus bas le 2ᵉ versement mensuel du chantier.

instrumental, pour l'exécution duquel le R. P. Gay mit encore
généreusement à notre disposition l'élégant parloir du collège
qu'il dirige.

Ce concert, couronné du plus grand succès, fit entrer dans
notre caisse une nouvelle somme de 515 fr. 75, laquelle ajoutée
à celles précédemment recueilies, donna le total général de
2,068 fr.10, duquel nous retrancherons de suite les frais suivants
reconnus indispensables :

Fournitures de bureau.	5ᶠ »
25 Affiches	10 »
Gratification à M. Blanc, pour services commandés.	10 »
Frais du concert	59 »
Frais d'impression du présent opuscule.	45 »
TOTAL	107ᶠ »

La somme nette dont nous pûmes disposer fut donc de 1961ᶠ 10,
et c'est de cette somme que nous nous croyons moralement
obligés de rendre compte en ce jour jusqu'au dernier centime,
comme nous l'avions promis, aux souscripteurs qui nous l'avaient
confiée.

Reynaud, soldat au 100ᵉ de ligne, blessure grave à la jambe (combat de Baune-la-Rolande). Dans sa famille, à La Seyne, 1 fr. par jour jusqu'à guérison, du 5 janvier au 16 mai 1871. . .	150ᶠ »
Achats divers (bas, linge, chaussures, etc.).	49 75
Liautaud, mobile, rentré malade à La Seyne, marié et père de deux enfants, 3 secours.	50 »
Roustan, engagé volontaire, rentré malade	10 »
Bertrand, engagé volontaire, rentré malade	10 »
Gassin, soldat, secours de route pour rejoindre Nice. .	10 »
Jouffret, soldat, secours de route pour rejoindre Vaucluse	10 »
Roustan, blessé légèrement, secours unique.	10 »
Poggi, blessé, secours pour se rendre à Nice	15 «
TOTAL	294ᶠ 75

En prêtant son concours à des malades ou convalescents au sein de la famille, le Comité avait adopté pour règle générale d'allouer à chacun une indemnité quotidienne de 1 fr., se réservant, toutefois, d'augmenter cette dernière en cas de nécessité ; devant pourvoir, en outre, aux frais de maladie, achat de vêtements, etc., ce qui a été accompli chaque fois que l'indication en a été fournie.

Arrivés à la fin de la guerre, nous constatâmes avec regret qu'aucun des lits offerts par la ville, les forges, le collège et les particuliers n'avait été occupé. Plusieurs fois, néanmoins, durant les mois de décembre 1870 et janvier 1871, nous fûmes avertis de Toulon que des blessés allaient nous arriver. Plusieurs fois nous nous préparâmes à ce sujet, mais nous attendîmes toujours vainement.

Notre regret fut d'autant plus vif et douloureux, que nous songions à l'encombrement des malades signalés dans beaucoup de localités rapprochées du théâtre de la guerre, encombrement qui a dû faire échouer pas mal d'indications médicales et chirurgicales, et augmenter comme tel le chiffre de la mortalité.

Le rapatriement de nos prisonniers étant loin d'être terminé, le Comité, dans sa séance du 27 mars, décida qu'il continuerait son œuvre jusqu'au retour définitif de tous nos soldats et marins, parmi lesquels pourraient se trouver encore des malades ou convalescents que leur position de famille serait susceptible de laisser en souffrance. A défaut de nouveaux malades, le Comité prendrait ultérieurement en considération la décision que venait de formuler le Comité de Toulon, concernant les infirmes, les estropiés et les familles malheureuses dont les victimes de la guerre constituaient l'unique soutien.

En vertu de cette dernière délibération, à partir du mois de mai 1871, furent accordés aux familles ci-dessous, des secours mensuels, mode de distribution que le Comité préféra, non sans quelque raison, à un secours unique, en une seule fois.

Époux Fouque, vieillards de 70 ans, à Lagoubran. Le fils,
  leur unique soutien, mort de ses blessures au combat de Choisy-le-Roi. Du 27 mai au 31 décembre. 225^f »

A reporter. . . . . . . 225 »

Report. . . . . . 225ᶠ »

Vᵉ Martin, pour son petit-fils, orphelin (pas de nouvelles
du père depuis 10 mois)! Du 27 mai au
31 décembre. . . . . 215 »

Vᵉ Gras, son mari, maître voilier, mort à Lille des suites
de ses blessures (combat de Bapaume), trois
jeunes enfants. Du 31 mai au 31 décembre . 230 »

Époux Eyguier, journaliers, un fils tué à Arthenay,
l'autre gravement malade à l'hôpital; soixante-
seize ans, privés de leurs seuls soutiens. Du
25 juillet au 31 décembre. . . . . 190 »

Coste (Auguste), mobile, rentré malade (variole, rhu-
matisme). Du 25 juillet au 31 décembre,
5 secours . . . . 75 »

Vᵉ Boyer, mandat pour son fils, prisonnier en Alle-
magne . . . . 26 »

Vᵉ Boyer, le fils rentré malade. Du 14 août au 31 décembre . . . . 115 »

Long (Calixte), cultivateur; le fils prisonnier et malade. 52 »

Vᵉ Coulomb, le fils, mobile, mort à Lyon ; secours . . 50 »

Vᵉ Sigue, le fils, mobile, blessé à la tête . . . . . . 50 »

TOTAL . . . . . . 1,208 »

Premiers secours 294 75

TOTAL GÉNÉRAL DES SECOURS 1,502ᶠ 75

Ajoutant à ces 1,502 fr. 75 les dépenses ou frais d'organisation
s'élevant à 107 fr., nous arrivons à 1,609 fr. 75, qui retranchés
de la somme de 2,068 fr. 10 des recettes, nous laissent en caisse
au 1ᵉʳ janvier 1872 la somme de 458 fr. 35, qui continuera à être
répartie, jusqu'à extinction, entre les plus nécessiteux ci-dessus
désignés, sans négliger les situations malheureuses qui pourraient
nous être signalées durant cette nouvelle période. Après ce
compte-rendu des deniers dont nous n'avions été que les dis-
pensateurs, nous ne saurions clore cet opuscule sans adres-
ser un témoignage public de gratitude aux souscripteurs qui
nous ont permis de soulager bien des misères, ainsi qu'aux

personnes qui nous ont puissamment aidés de leur généreux concours, au nombre desquelles nous croyons devoir citer :

MM. Baume, Belfort, Boyer, Gautier, Jost et Marin, musiciens, artistes et amateurs, au talent déjà bien connu desquels nous avons dû l'éminent succès de notre concert.

Le R. P. Gay, non-seulement pour la salle du collége qu'il mit si obligeamment à notre disposition, mais encore pour le luminaire, l'aménagement, les rafraichissements, etc., etc., toutes choses qui diminuèrent d'autant les frais indispensables que ce concert aurait nécessités.

M. Curet, constructeur de navires, pour l'estrade qu'il voulut bien faire élever sans aucune rétribution, ce qui constitua une nouvelle économie, toujours au profit de nos infortunées victimes de la guerre.

Enfin, en terminant, quelques mots de regrets bien sincères à la mémoire de notre excellent président et ami J. Durbec, commissaire de l'Inscription maritime à La Seyne, qui, sous les étreintes d'une cruelle maladie, ne cessa pourtant de nous aider puissamment de ses conseils et de son action, jusqu'au jour où la mort vint l'arracher à sa famille et à ses nombreux amis.

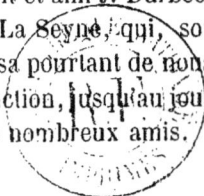

5810 — Toulon, Typ. et Lith. F. ROBERT, boulevard de Strasbourg, 56.

4

www.ingramcontent.com/pod-product-compliance
Lightning Source LLC
Chambersburg PA
CBHW070755280326
41934CB00011B/2945